L'espionne sauve la planète

Marie-Aude Murail est née d'un père poète et d'une mère journaliste. Sur les quatre enfants de la famille, trois sont écrivains et l'aîné musicien. Marie-Aude Murail écrit pour les adultes et pour les jeunes. Ses ouvrages ont été publiés chez Bayard Éditions, Nathan, Gallimard, Le Seuil et L'École des Loisirs.

Du même auteur dans Bayard Poche :
L'oncle Gorgio - *Graine de monstre* - La série *L'espionne* (J'aime lire)

Frédéric Joos est né en 1953 à Alger. Il a appris le dessin en autodidacte et illustre aujourd'hui des magazines chez Bayard Presse et des livres aux éditions Milan, Gallimard Jeunesse et Nathan.

Du même illustrateur dans Bayard Poche :
Journée poubelle pour Gaëlle - *Bouboul Maboul* - *La maîtresse est amoureuse* - La série *L'espionne* - *La confiture de leçons* (J'aime lire)

Deuxième édition

Dépôt légal : avril 2003
Loi du 16 juillet 1949 sur les publications destinées à la jeunesse.

L'espionne sauve la planète

Une histoire écrite par Marie-Aude Murail
illustrée par Frédéric Joos

J'AIME LIRE
BAYARD POCHE

1
Vingt minutes pour sauver la planète

Le monsieur de « Sauvons la planète » est venu dans ma classe de CM1. Il nous a bien expliqué le coup de la pollution. Si on continue comme ça à brûler les forêts dans l'Amazonie et à jeter les papiers dans la cour de récré, on aura une planète toute caca !

Je résume parce que c'était très long et même, à la fin, je n'écoutais plus. Moi, ça m'intéresse de sauver la planète parce que je veux faire espion quand je serai grande et j'ai remarqué que les espions sauvent souvent la planète.

Le monsieur a dit :

– Alors, les enfants, est-ce que vous voulez faire quelque chose pour votre planète ?

On a tous fait « ouiiii ! » comme à Guignol.

– Eh bien, lundi prochain, c'est la journée « Plage propre » dans toute la région et votre classe ira nettoyer la plage du Grand Crohot.

Il s'est tourné vers notre maîtresse :

– N'est-ce pas, madame Maillard ?

Madame Maillard a dit que oui et que c'était dans son programme sur la citoyenneté. Bref, tout le monde était d'accord pour sauver la planète, lundi.

À la récréation de la cantine, j'ai réuni mon club d'espions parce que, moi aussi, j'avais un programme pour lundi. J'ai annoncé :

– On va désamorcer la bombe atomique parce que ça aussi, c'est hyper dangereux pour la planète.

Ça ne va pas être trop facile parce qu'il y a des absents dans mon club, à cause de la varicelle. On n'est que quatre en me comptant.

Angelo a demandé :

– Elle est au Grand Crohot, ta bombe atomique ?

Je n'ai pas compté Angelo dans les quatre parce qu'il ne fait plus partie de mon club depuis qu'il m'a tapée. Mais je le garde parce qu'il est rigolo et qu'il a des cheveux en hérisson avec du gel. J'ai répondu :

– La bombe est cachée sous le sable. Il faut la retrouver.

– Mais c'est plein de sable, au Grand Crohot ! a dit Emmanuel.

– T'en fais pas, a dit Angelo, j'apporterai ma grande pelle.

Angelo est rigolo mais ce n'est pas un vrai espion. Moi, j'ai fabriqué un engin pour détecter les bombes. C'est un compteur Geiger* antiatomique. Je l'ai fait avec une boîte de biscuits que j'ai percée avec une aiguille à tricoter.

* Cet instrument permet d'évaluer la radioactivité d'un objet, et donc de savoir si cet objet émet des rayonnements dangereux.

L'aiguille à tricoter, c'est le radar de détection des bombes. Dans la boîte, j'ai mis le minuteur de la cuisine. On tourne le minuteur jusqu'à 20 et il fait « tic tic » dans la boîte pendant vingt minutes. Quand le minuteur sonne, si on n'a pas désamorcé la bombe, elle explose et toute la planète avec. Alors, on avait intérêt à trouver la bombe, lundi.

2
Le jour J

Le lundi matin, j'ai mis mes affaires d'espionnage dans le sac de pique-nique. J'ai pris ma boussole qui est plutôt celle de ma sœur, des lunettes noires pour l'incognito*, mon compteur Geiger antiatomique et des rations de survie pour tout le club.

* Pour ne pas être reconnue.

Maman a dit en soulevant mon sac :

– Mais c'est lourd comme tout. Et qu'est-ce qui fait « tic tic » ?

Le Geiger s'était mis en route tout seul. J'ai dit :

– C'est des Tic tac à l'orange.

– ... qui font « tic tic » ?

– Non, « tic tac ». Bisou, Maman !

J'ai pris mon sac et je me suis sauvée avant que Maman ne fouille dans mes affaires. Elle est un peu espionne sur les bords.

Toute l'école allait en autocar au Grand Crohot pour nettoyer la plage. On devait se mettre en rang devant notre autocar. J'ai rassemblé mes espions, les deux Grégory et Emmanuel, plus Angelo qui n'est pas espion. Je voulais me mettre à côté de lui pour la route, mais la maîtresse a dit :

– Angelo, tu te mets devant, à côté de moi.

Grégory a fait tout bas :

– Elle est amoureuse de lui ou quoi ?

Emmanuel a répondu :

– Je crois plutôt que c'est pour l'empêcher de faire le clown.

On n'écoute pas Emmanuel, en général. Si on croit à ce qu'il dit, la vie devient toute raplatie.

Pendant la route, madame Maillard nous a fait chanter « Alouette, gentille alouette » et

Angelo se tournait vers nous pour nous faire la tête de l'alouette quand on lui plume les ailes, ou quand on lui plume les pattes. La maîtresse n'arrêtait pas de lui donner des tapes.

À la fin de la chanson, Angelo s'est levé et a mis les mains sur ses fesses en faisant « couac ! » parce qu'on lui plume la queue. Tout le monde a rigolé et la maîtresse a fait rasseoir Angelo en lui tirant le bras. Elle a dit :

– Mais il a le diable au corps, cet enfant !

En descendant du car, madame Maillard a fait un signe à Évelyne, la maîtresse des CE2, et elle lui a dit en riant :

– C'est vraiment temps que je prenne ma retraite !

Puis, elle nous a attrapés par le blouson un par un en nous faisant passer devant elle pour nous compter :

– 22, 23, 24, a-t-elle crié à Évelyne. 24 dont un qui compte pour deux !

Le monsieur de « Sauvons la planète » était là. Il nous a distribué des sacs en plastique pour qu'on mette les ordures dedans.

– Ne vous éloignez pas trop ! a dit la maîtresse.

On s'est regardés, mes espions et moi, et on a commencé à s'éloigner.

3
L'heure H

Au début, on a fait semblant de ramasser des bouteilles en plastique et plein de cochonneries dégoûtantes. Angelo enfonçait un bâton dans les méduses crevées en criant :

– Ah, ah, meurs, rascal ! Je suis Planétorman !

J'ai sorti mon compteur Geiger antiatomique

et j'ai dit à mes espions qu'on allait chercher la bombe.

– J'ai des pétards, a dit Angelo en jetant son bâton.

J'ai répondu :

– On s'en fiche. On n'a que vingt minutes pour trouver la bombe.

Et j'ai mis mon minuteur sur 20.

– Tu as quoi comme pétard ? a demandé Grégory numéro 1.

– Des bisons 3.

Angelo a sorti un pétard de sa poche et il a pris une voix comme s'il était le chef :

– On va se cacher pour le faire péter.

J'ai crié :

– Mais ce n'est pas ça, notre mission ! Dans vingt minutes, la planète va exploser !

Mes espions n'ont rien écouté du tout et ils se sont sauvés derrière une dune. Je les ai suivis, mais j'étais furieuse. Mon compteur Geiger faisait « tic tic » et on n'avait plus que quinze minutes. Angelo a enfoncé son pétard dans le sable en laissant dépasser la mèche et il l'a allumée avec un briquet.

– Tirez-vous, les mecs !

Je ne suis pas un mec, mais j'ai couru aussi et je me suis aplatie dans le sable. Baoum !

– Ouais, ouais, super ! ont fait les Grégory. Tu en as un autre ?

Horreur ! Il en avait plein. La maîtresse a raison. Il a le diable au corps, Angelo, et on ne peut rien faire d'intelligent quand il est là. Il ne restait plus que dix minutes pour sauver la planète. Baoum ! Encore un bison d'explosé.

– Encore ! Encore !

J'ai hurlé :

– Vous êtes tous des gros nuls ! Je vous chasse de mon club !

– Elle est en pétard, a rigolé Angelo en enfonçant un autre bison dans le sable.

Je ne sais pas ce qui m'a pris, mais je lui ai donné un coup de pied dans le derrière. Il a fait « couac ! » en mettant les mains sur ses fesses. Oh là là ! J'avais oublié qu'il faisait de la boxe thaïe ! Il s'est relevé et j'ai pensé : « Je suis cuite. » Le minuteur a fait « driiing ».

– Tu as de la chance que la planète ait sauté, a dit Angelo.

Il ne voulait pas me taper, en fait.

4

En danger de mort

Soudain, Emmanuel a demandé de sa voix de pleurnichard :

– Où est-ce qu'elle est, la maîtresse ?

On a regardé autour de nous. Il n'y avait personne. On est montés en haut de la dune et on a regardé au loin. Rien. Juste un voilier.

– On est perdus, a fait Grégory numéro 1 d'une drôle de voix.

Emmanuel a appelé comme s'il était en train de se noyer :

– Maîtresse ! Maîtresse !

– Il faudrait tirer une fusée de détresse comme fait Robocop, a dit Grégory numéro 2.

– J'ai que des pétards de détresse, a répondu Angelo.

Mais on n'avait plus envie de rigoler. J'ai réfléchi à mes affaires d'espionnage. Le compteur Geiger ne pouvait pas beaucoup nous servir. Mais j'avais aussi mis la boussole dans ma

poche. Je l'ai regardée et j'ai dit :

– Le Nord, c'est par là.

Mais ça ne nous aidait pas tellement.

– On va mourir de faim, a pleurniché Emmanuel.

Là, j'ai prouvé que je pensais vraiment à tout. J'ai dit :

– J'ai emporté des rations de survie.

– C'est quoi ? ont demandé les Grégory.

Je les ai sorties de mes poches. C'étaient des barres caramel-chocolat et il y en avait une par personne. Comme on était très affaiblis, on les a mangées.

– Tu as de l'eau ? m'a demandé Angelo.

Enfer ! J'avais oublié l'eau, et les barres caramel-chocolat, ça donne hyper soif.

– On va mourir de soif, a pleurniché Emmanuel.

J'ai dit :

– Il y a quand même toute l'eau de mer...

– C'est ça, va boire, m'a répondu Angelo.

J'ai dit :

– C'est possible avec un engin à retenir le sel. Je peux en fabriquer un avec une passoire.

Emmanuel s'est mis carrément à pleurer parce qu'il n'y avait pas de passoire sur la plage. Et c'était vrai. Il y avait plein de cochonneries, mais pas une seule passoire.

Angelo a décidé :

– On va marcher droit devant en s'éloignant de la mer. On finira bien par rencontrer quelqu'un.

– Mamaaan ! a sangloté Emmanuel.

C'était horrible. J'ai cru qu'Angelo allait pleurer, lui aussi. Mais il a juste fait sa grimace d'alouette qu'on plume et il a tendu le bras vers moi.

J'ai regardé sans comprendre. Il a claqué des doigts et j'ai compris. C'était pour que je lui prenne la main. On s'est éloignés droit devant en balançant nos mains, et les autres ont suivi. Dans un sens, c'était un drame affreux. Dans un autre sens, j'étais assez contente.

5
Une question de vie ou de mort

On a marché longtemps. Dans les cinq ou dix minutes. Et soudain, Grégory numéro 1 a crié :

– Là, nos sacs !

Il y avait nos sacs de pique-nique sous un pin. Emmanuel a couru vers son sac et il l'a serré sur son cœur comme si c'était sa mère. Notre car était là aussi.

– Attention, a dit Angelo, la mère Maillard ne nous a pas repérés. Il faut rejoindre les autres discrétos.

Madame Maillard était en train de bavarder avec Évelyne, et tous les enfants de l'école pique-niquaient sous les arbres.

– On n'était pas partis très loin, finalement, a dit Emmanuel.

– Il me reste un bison, a ajouté Angelo.

Il est allé le faire péter derrière l'autocar pour faire croire au chauffeur que son pneu avait éclaté. Madame Maillard l'a aperçu quand il s'est sauvé après le « baoum ». Elle a crié :

– Viens ici, Angelo ! Viens ici, tout de suite !

Elle l'a secoué par son blouson et elle lui a dit de rester à côté d'elle.

La maîtresse n'est peut-être pas amoureuse d'Angelo. Mais j'étais quand même jalouse. Et ça, j'y ai repensé, le soir, après le dîner.

Quand je suis espionne, Angelo est mon ennemi. Il fait exprès de tout faire rater. Si

j'arrête l'espionnage, Angelo ne sera plus mon ennemi. Mais je n'ai pas envie d'arrêter l'espionnage parce que je veux être espionne plus tard...

Je tournais et retournais ça dans ma tête. Mais je ne voyais pas de solution. Soudain, j'ai pensé à mon frère Noël. Il s'y connaît beaucoup en amour et il a 19 ans.

Je suis allée frapper à la porte de sa chambre. Il a eu l'air étonné.

– Tu ne dors pas, miss ?

– Je n'y arrive pas.

– Tu as un problème ?

Je me suis assise sur son lit.

– Dis, Noël, est-ce qu'on peut être amoureuse de son ennemi ?

Mon frère m'a regardée. J'ai ajouté :

– Attention ! C'est une question de vie ou de mort.

Noël a mis la tête entre ses poings pour réfléchir. Puis il m'a encore regardée. Puis il a encore réfléchi.

À la fin, j'ai fait « driiing » comme le minuteur. J'ai demandé :

– C'est quoi, la réponse ?

– C'est oui, a dit Noël.

Je lui ai fait mon sourire spécial de fille et j'ai dit :

– Ouf, merci !

J'AIME LIRE

Les premiers romans à dévorer tout seul

Se faire peur et frissonner de plaisir

Rire et sourire avec

des personnages insolites

Réfléchir et comprendre la vie de

tous les jours

Se lancer dans des aventures pleines de

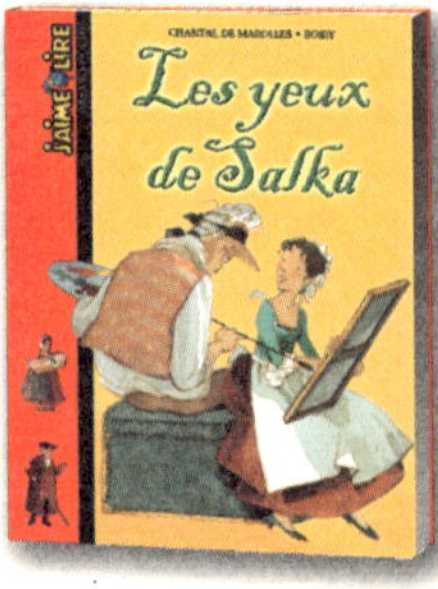

rebondissements

Rêver et voyager dans des univers fabuleux

Le drôle de magazine qui donne le goût de lire

- un roman inédit illustré
- des jeux pour s'amuser et être créatif
- la célèbre BD de Tom-Tom et Nana et bien d'autres surprises !

Le 1er magazine des 7-10 ans

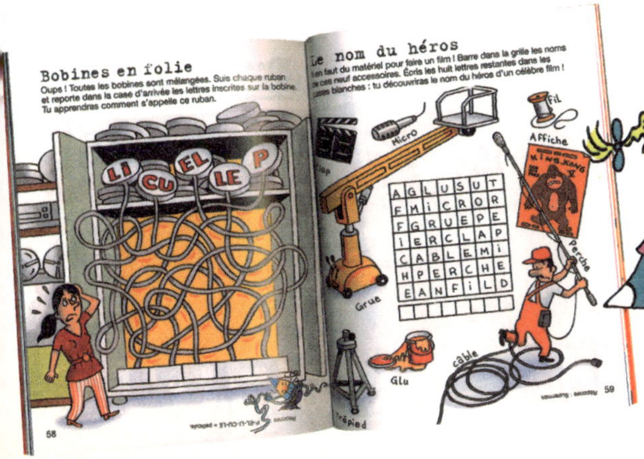

Disponible tous les mois chez votre marchand de journaux ou par abonnement.

Maudit Manoir

Dans le manoir de Mortelune vit une bande de monstres affreux, méchants et bagarreurs : tu vas les adorer !

Retrouve les héros de Maudit Manoir dans le magazine *Astrapi*.

Achevé d'imprimer en juin 2003 par Oberthur Graphique
35 000 RENNES – N° Impression : 5092
Imprimé en France